계단에
앉아 있는
이야기들

최수지 시집

상상인 시선 064

모자라도 따뜻했던 사금파리 같은 그날들

반짝 그리운 것들이

오래 머무는

•본문 페이지에서 한 연이 첫 번째 행에서 시작될 때에는 〈 표기를 합니다.
•저자의 의도에 따라 작품의 보조 동사와 합성 명사는 띄어쓰기가 달라질 수 있습니다.

시인의 말

비뚤어도 만나는 둥근 끝

여미다

2025. 다시 가을

윤슬 최수지

❀ 차례

1부 바람이 나를 데리고 그 숲에 간다면

담장 너머 이어달리기　　　　　19

시도, 기도　　　　　　　　　　20

누수로 핀 꽃　　　　　　　　　22

그림으로 들어온　　　　　　　24

쓰읍, 달이 넘어간다　　　　　26

긴급 문자　　　　　　　　　　27

깨를 까불다　　　　　　　　　28

꽃들의 맨발　　　　　　　　　29

그 숲으로 가자 하니　　　　　30

그늘을 펼쳐놓고 낮술　　　　31

늦은 이별　　　　　　　　　　32

빰빠라밤빠, 빰　　　　　　　　34

갑자기 바빠지는　　　　　　　36

그림자를 두고 닫은 문　　　　38

간장 종지　　　　　　　　　　40

나이 불문　　　　　　　　　　41

2부 틈 사이사이 별 쏟아붓는

봄앓이   45

눈, 소풍   46

비들이 운다   48

빌딩풍   50

사금파리 반짝   52

섬망, 재미없다구요   54

시간을 봉지째 뜯어 놓고   56

신나는 날로 잡힌 초대   57

앙큼한 그녀들   58

어쭙잖은 것이   60

따라온 달은 병원 창밖에 떠 있고   62

마주 엎드리기   63

너는 어디 가서 우나   64

저 동네   66

번아웃   68

오늘도 잠시 우울   69

3부 물어 온 소리 하나

동쪽 창 식탁에 앉아　　　　　　　　　73

저 밖의 봄날　　　　　　　　　　　　74

계단에 앉아 있는 이야기들　　　　　　76

중입자 센터　　　　　　　　　　　　78

지금부터 인사를 나눌 시간　　　　　　80

지켜보기　　　　　　　　　　　　　82

참, 어이없는　　　　　　　　　　　　83

큰 목소리가 아픈　　　　　　　　　　84

불빛에 젖은 것마다 흔들리네　　　　　86

소리를 지운 곳　　　　　　　　　　　88

우리들의 나무　　　　　　　　　　　89

그리움에는 파스　　　　　　　　　　90

니까지 와 이카노　　　　　　　　　　91

뭍에서 보는 저기 저 섬 성장기　　　　92

병원 셔틀버스　　　　　　　　　　　94

초원　　　　　　　　　　　　　　　95

4부 붉다가 볼 가히 젖어 드는 눈가

새가 된 휘파람 99

새와 나의 관계 이어가기 100

세상 모든 신 102

숨어 있는 혀 103

안전 문자 분리하기 104

영구치 갈아엎기 106

영정사진 찍는 날 108

이것 좀 봐 110

울음 요리 111

숨을 참을수록 부푸는 애드벌룬 112

일용할 양식 113

기다림의 정의 114

누워서 보는 직립 세상 116

팅기는 엘피판 118

타협 120

하루 121

해설 _ 전기수의 꿈, 시인의 '젖은' 마음 123
전해수(문학평론가)

1부

바람이 나를 데리고 그 숲에 간다면

담장 너머 이어달리기

눈뜰 때 안녕을 챙기기로 했다
하나씩 기억을 지우는 행간에서
두 행간 당겨 지우는 발전

물어보며 물어본 것 하나 지우니
조금은 가볍다
이렇게 하는 거다 조용히 어르는

울렁거림을 안정시키는 걱정들이
까맣게 타서 들어가길 바라는
미운 놈 떡 하나 더 주듯
꽃이라 부르는 그것들의
간절한 그리움
그냥 백 년쯤 뒤 발아하길

릴레이 마지막 주자
웃음이 오래다
흐르는 다짐
사하라 사막이나 고비 사막을 찍고
방황하는 찰나
담장에 걸친 붉은 능소화 뚝

그냥 맞아떨어진 우연이다

시도, 기도

- 지금 뭐 하냐

손끝에 달린 글씨 놀라서 비틀

- 그게 돈이 되냐

모처럼 옳은 말
이때다 싶어 서럽게 터진 입
가볍지 않은 몇 마디 속사포로 날리는

조용하다 이게 아닌데
돌아보니
그새 돌아왔던 정신, 다시
머릿속 꽃밭으로 갔는지 무심

거두어들이는 파편
- 아를 만들고 있소 내가 살아 있나 볼라꼬

주변에서 빌려준 세상 모든 신이여
노산의 넷째 만날 즈음
꽃 지듯 뇌종양도 시들어

예전 버럭 성질 돌아오기를
아픔의 존재 또한 멈추기를

누수로 핀 꽃

아래로 흐르는 절대 원칙을 두고
고민은 겨울을 넘기고도
봄꽃이 소란하도록
조용한 경계를 허물지 못했나 봅니다

깍듯한 예의와 따뜻한 배려의 말속에서
보란 듯 물은
흔적을 남기며 생각도 웃자라 넘실거리다가
싱겁게 물길마다 꽃을 피웠습니다

가끔
똑, 똑, 똑.
문이 아니면 어때
물의 음성을 들려주는 친절

서서히 꽃이 옮겨와
아직 방조 되고 있음을 상기시키는
물속의 누수

똑,

똑

·

·

·

그림으로 들어온

눈물 감추려 돌다가 마주친 창

둘, 넷, 아홉 층층이 올라가다 옥상
어어? 이 시끌시끌함
뭐야

순이 할매 늘어진 속옷이 펄럭
친구 옥자 할매 분홍색 낡은 내복도 같이 펄럭
그 옆 또 그 나란히 할매들의 구겨진 꽃무늬 옷들이
우물쭈물 햇볕 쬐러 올라와
보소 내가 보이요? 우리가 보이냐며
쿨럭 펄럭
짧은 해 넘어가기 전까지 열심히 펄럭

재활병원 병실 창 안에서는
안이 보이지 않는 건너편 우정 요양원
저기도 아픈 맴들이 웅크리고 있었구나

들리나요?
수면제에 휘둘리지 말고
살기 바쁜 새끼들 안 온다고 야속타 말고

무언의 폭력에 휘둘리지 말고
하나씩 사라지는 옆 지기들 궁금타 울지 말고
힘내라
짝짝짝 박수 보내는 나도 펄럭

모두가 펄럭이는
남은 날 중 가장 성한 날

지금 스케치

쓰읍, 달이 넘어간다

사과 한 쪽 제대로 베어 문
저 달

질펀한 달빛에 홀려 설치는

자야 된다
가야 된다

생사가 가로 놓인 절체절명의 밤
반만 기억나더라도
길몽이라 우기려 꿈을 꾸고 싶은데

그러거나 말거나
위로 향한 아랫것들을 거느리고
달이 그림을 그리고 있다

긴급 문자

잦은 바람
잦은 불
집 나가는 이들의 추적
아직 그들 모두 우리 곁에 서성인다는
하루 몇 번씩 날아오는 긴급 문자

바람 센 날
더불어 서슬 퍼런 바다
우리 모두의 희망가를
바람이 업고 가고 있다는 네 번째 긴급 문자

다섯이나 여섯 번째쯤
억지스럽지 않게 끼여 볼까
어디로든 가고 싶어 서성이는 그들의 이름과 함께
나란히 내 이름

깨를 까불리다

욱신거림을 쏟아
혼동이 우물쭈물할 틈 없이
준비 없이 던져지는

마카 모여, 한 마디에
뛰면 흩어질세라 깔깔대며 모이는
하나둘 그들끼리 붙이는 구령에
까르르 비명이 끼어들기도 하는

넘어지듯 떠오른 생각
내가 저 깨라면
키 밖으로 떨어지는 아찔함을 선택했을지도 몰라

상상 하나가 두 개를 불려 슬슬 신이 나는
까불린다는 말이 맞아떨어지는
웃다 보니 오래전 기억에 끼인 깨 한 알
젖니 하나 손잡고 웃음으로 빠져나오는
신명 나는 날

꽃들의 맨발

깊이를 가늠치 못해 한동안 뜸했던 사이가
소홀해진 관계를 메우려 생각을 고르는 동안
기억보다 많은 꽃이 제 이름을 불러주기를

봉숭아 옆 키 작은 채송화
노란 달리아 붉은 칸나랑 장독 옆에 익숙한데
갑자기 목에 걸리는 꽃 이름
아는 대로 불러 본다
붓꽃 패랭이꽃 원추리 제비 분꽃 과꽃 실비아
뭐지 뭐였지

오래전 뚜껑 닫힌 우물물 한 바가지에 발을 씻고서
야 튀어나오는
부추꽃
그래 돌나물 사이 부추꽃이네
십 년? 너의 맨발을 본 적 없었지

넓은 마당을 욕심내는 잡초가 나도 꽃이라 우기다가
질긴 뿌리로 누웠다

그 숲으로 가자 하니

익숙한 바람이 도마 위 댕강 잘린 무 속에 들어있네
사돈댁 103세 왕할머님 사시는 하옥계곡 무
함부로 다루지도 버리지도 못해 궁리도 조심조심
그러다 떠오른 스스로를 보듬지 못했던 기억

측백나무 사이로 익숙한 바람이 터지게 들어
초록이 짙은 향기로운 나뭇잎 사이에
흔들리며 흥얼거리던 바람들
그들이 할 일을 마치고 돌아갈 때쯤이면
속살 더디게 붉어져 툭툭 성숙하던

가끔 돌아다보는 바람이 나를 데리고 그 숲에 간다면
흥얼흥얼 흥이 달아오를 테지
잘린 발목을 붙들고
푸르고 붉은 그곳에 길게 버티다 보면
그러면
발자국이 찍힌다 했지

아마

그늘을 펼쳐놓고 낮술

준비된 핑계가
밀려난 구석과 밀당을 해도
마른 꽃처럼 이쁜 그늘이 있지
모처럼 익숙한 한 가닥 연락이 길게
그 또한 격 있게 마르고
가깝다고 어깨 걸던 사람들 모두 타국으로
더러 남은 이름들을 지우며 혼자 남은

출렁이던 외로움과 같은 높이로 마주친
색 고운 그물침대
한때는 바람만 싣고 햇볕만 실어 힘들었을
젊음이 바랜 저 색

사람 사는 것처럼 한동안 조용한 그러다 불쑥 빈 술
통 교체하기로 했어
  말문이야 열렸지만 빈 듯 찬 듯
  멀리 간 사람들 발소리가 멀어도 술이 익는 오래된
대낮
  찰랑 소리도 맑은
  물이 바빠지는 삼복지간

늦은 이별

너무 조용했었다
누구의 입도 아닌 인터넷 오래전 소식에서 마주친
부고
믿기지 않는 확인을 위해 행간에서 잠시 잊었던 이
름을
온밤을 헤매다니다가 돌아본 우리의 관계

그녀의 진한 사투리와 십 년 유년기를 보낸 나의 설
익은 사투리에
주변은 우리를 동향으로 묶었고 희고 아담했던 그녀
는 나를 선배라 불렀지
절뚝거리던 짧은 동인 활동이 오래전 일이라 그리움
도 조금 낯선

아무에게도 알리지 말라던 유언
충실히 가족장으로 집 마당 주목 아래였다지
나무 아래에서 조곤조곤 그녀 닮았을 풍경
어릴 때 듣고 놓친 그 집 아이들 이름까지 생생히 떠
올라
어미 묻힌 나뭇가지에 끈 떨어진 연처럼 걸쳐놓고
어디까지 갔을 그녀의 등 뒤 천년 주목 한 그루 보네

〈
서성거리다 마주친 새벽
이름 석 자 붉은 밑줄을 긋는

잘 가드래요

짧았던 그림자에 무심을 동봉한다

빰빠라밤빠, 빰
- 재활병원 강당에서

맞아도 참을 만하겠지
맞을 만한 걸 아니까

웃음을 참는 게 깝죽거림으로 보일 나를 물끄러미 쳐
다보는 뭇시선
그래, 먹어도 안 먹었다는 바닥난 당신 밥그릇이 허
기진 날들을 잊은 지 오래지
그게 된다면 여기 있을 이유가 없지

내 것이라 사정없이 후려치는 빰
핑크빛으로 물이 드네
빨갛게 빨갛게 부풀어 올라라 빵

연두 고운 색 층층이 물오르는 봄날
언덕배기 외할머니 복숭아밭
그때 꽃잎이 날린다

온통 복숭아꽃 천지

아니 어찌 된 거야 사람들이 탄 휠체어가 날아다닌다
〈

벙근 꽃잎 날리고
붉은 뺨은 부풀고
휠체어는 날고
달그락거리며 뒤따라오는 온갖 밥그릇들
또 터지는 웃음
이러다 진짜 맞겠다
폭죽으로 터지는 빨간색 멈춰 그만

할렐루야

갑자기 바빠지는

처음부터 수제비가 아니었다
이 말을 하고 싶어 길어졌다

자랑이지 싶을 때 마주치는 손뼉 불똥이 튀고
지는 자가 이기는 거라며 걱정 많은 이들이 말려도
많아지는 수식어들

이불 빨래 한 판을 돌리고 비워둘 집 바닥을 닦아내
고 화분에 물을 주고도 이어지는 저 핑퐁게임
나간 사람 초대하고 다른 사람 나가면 다시 끌고
오고

나라도 들썩
받아 놓은 수술 날도 심란
네가? 그럼 나는 이렇게
대단하다는 집단 여기저기 시끌시끌

그래 오늘 저녁은 수제비다

된 반죽에는 물 더 넣고 질면 밀가루 더 넣고
치대다 보면 물도 밀가루도 하나

하나가 제시할 엄청나게 무시무시한 양

상관없다, 씨불이는 입 끌어모아 한술씩 먹이련다

니가 뭔데 입 튀어나오면
청양 고춧가루 확 풀어 휘휘 저어
총검 대신 숟가락 겨눠
먹고 하나 될래 안 먹고 뒤질래
아이고야
웃을 때가 아니다
나부터 한 입

그림자를 두고 닫은 문

내 안에 가마 하나 있지
날마다 찍어내는 그릇들
작은 것은 취급도 안 해
손만 크나 입담도 걸쭉
두루두루 좋은 게 좋은 세상
흥부가 있으니 놀부도 있는 법
단순함을 모르는 우매함이
이렇게 뒤통수를 칠 줄이야
대책 없이 당하는 낭패

큰 그릇은 무슨 막말
날마다 깨지는 그릇들
작은 종지 간장 종지 되어 짱알짱알
벽보고 지껄이는 이 낭패
두문불출 감금당함 곁에
버려야 할 그것들이 지천에서 아우성
일어나야 할 자리에 먼저 드러눕는 그림자
그 곁에 생기다 만 그림자 인사

그동안 고마웠습니다
옹기점 문 닫습니다

간장 종지는 그냥 가져가십시오
어설프게 붙였나
어렵게 내린 결정 바람에 불편한데
널브러진 그릇들 사이 세로로 서서 정중한

임
대

간장 종지

구기지 않아도 다 들어간다고들 했지
그럭저럭 인정받던 그릇
찰랑대던 날들에 용량 따위는 잊고 스스로 사육된

헛 젓가락질이 우물쭈물 현실을 서성일 때까지도 당
연했던 여유

희망이 거론될 때마다 수축된
숨어서 쌓이던 어둠이 키를 키워 덮어 버린 용량
입이 마르고 발바닥이 갈라질 때쯤에야
남은 기운으로 재보는 크기

이미 큰 그릇은 큰 대로 잠기고 달랑 남은 그릇들은
순서 없이 깨지고 그래도 큰 그늘 밑에 살아남은 종지

넘치게 많은 흔적이 작은 것을 살리고
울다가 웃는 것이 시곗바늘에 걸려 잠방이던 날들
스쳐 지나간 절규에 쉼표를 찍으며
화장실 거울에 몰래 숨어든 또 다른 뭉크

나이 불문

우편함 속 고지서와 신간의 대화에
팔랑귀 흔들며 끼여 나온 긴급 대출

나이 불문 남녀 불문 누구나 대출 가능
적당한 금리에 눈이 가다가
붉은 글씨에 멈춤
무직자
이건 아니지 나이 먹으면 당연히 직업이 없지
구겨지는 이력

언젠가 친구의 말
칠십 넘으면 돈 빌리는 게 아니라는
언제 죽을지 모르는데 예의가 아니라는

맞네
수긍하기 힘든 불문 밖의 내 나이
타협의 난항에 단추를 푼다
무직의 나이

2부

틈 사이사이 별 쏟아붓는

봄앓이

몽글거리던 것들의 간지러움
세상을 밀고 나오려 시끌벅적

어둑살 저녁을 업자
껌벅이는 가로등을 앞질러
어린 네가 내달리는데

와장창 깨어나는 하늘이
틈 사이사이 별 쏟아붓는 저 잠시

같이 가자 낱낱이 휘날리는 여린 벚꽃잎
그들의 사랑법

이 짧은 봄의 밤
지나온 내 봄날이
매매 아리다

눈, 소풍

눈 맞아보는 것
일곱 살 때도
여덟 살 때도
그 소원 틈틈이
보기만 하라고 폭설로 내리더니

뉴스 대설주의보에 들떠
내게 보내온 속보
- 드디어 눈이 와요
자세히 봐도 아닌데 눈인가?
신이 난 눈발에
지각이다 어미 말이 같이 바쁘다

작년 언제인가
멀미 타는 아이
기절할 듯 올라간 서울 가로수 사이에
녹다 만 잔설로 만든 감자알만 한 회색 눈사람
바탕 화면에서 녹지 않고 있다

아이야
간절히 원하면 사랑이란다

첫사랑으로 불쑥
눈 맞을 때가 있을 거란다

그런 날 꼽다 보니
내게도 소풍 갈 날이 까딱 눈인사를 던지는데

비들이 운다

할 말이 저렇게 많았을까

장에 가는 엄마 따라가겠노라 울던 아이, 울음의 의
미 잊힐 때쯤 엄마가 보이자 다시 터지던 울음처럼 세
상 가장 슬픈 순간이 웃을 수 있는 기억으로 봇물 터지
듯 달려드는 기억으로

작정하고 시작하는 비는 없다
산발적으로 모여 저돌적 폭죽으로 연달아 손잡고 터
지며
제 설움까지 저렇게 불러내 까발리다 보니 그런 것

큰 울림 배수구 통을 마구 흔들어 타령으로 풀며 오
랜 것들을 끌어안고 온 그 오래됨이 오래될수록 울음
또한 깊어 밖으로 토해내는 비들의 투정 짬짬이 찾아
올, 와서 저렇게 빤하게 떠올릴 얘기

비가 운다

불어난 물이

한 풀 꺾여 흘러가고 있다
그 기별 멀리서 왔다

빌딩풍

신호등 하나 건너
건들건들 그들은 기다립니다
나무마다 또는 인연의 매듭이 있는 모든 길목에서

잠깐이지만 긴장되는 이곳에는
통행료 구역과 관람료 구역이, 지역민 할인에 경로 우
대가 있는가 하면
세상 모든 포인트가 열려 있어 화통하다 입소문 났답
니다

파란불 끝 무렵이 시작점
부드럽지만 거친 낮고 높은 그들의 합창

귓가의 간지러움이거나 머리카락 사이사이 공갈빵이
거나 어디 보자 한 어깨 사내 웃통을 돌돌 말아 올려
등판에 숨어 있던 용을 이무기로 만드는가 하면 긴 치
마도 옜다, 시원하게 홀렁 까뒤집는데 짧은 치마 그까
짓 것 배꼽까지 세상 구경시키는 것쯤이야 너울 파도를
무단 횡단시켜 대낮 패싸움도 벌이고 한잔 꺾은 날은
고성방가에 천둥번개 개입시켜 빌딩을 흔들고 자동차도
밀고 가는

〈

별별 꼴을 다 보고 싶다면
운 좋으면 뒤집힌 속을 되뒤집기 할 수 있는 이곳
호기심에 모르는 척 와보세요
지역민이 추천합니다

참,
입을 뒤집어 욕을 꺼낼 수 있으니 조심!

사금파리 반짝

아버지 말문 닫고
말 등 타던 돈 가마니에
세간 몇 가지 싣고 적산가옥 큰 정원 떠나오니
일순 할매도 흥남댁도 복순이도 없던 사람

터널 공사 중 용이 나왔다는 계단 많고 골목 많은 언덕
슬레이트 지붕이 다닥다닥 붙은 비슷비슷한 집으로
옮긴 유년의 기억
그중 어린 가슴을 가장 콩닥거리게 한 것은 누구의
언질도 없었지만
숨바꼭질하던 집에 언제 돌아가냐는 말
입 밖으로 내면 안 된다는
그러면 아버지는 영영 말을 못 할지도 모른다는

레이스 달린 옷 입은 아이와 더 친하다고 싸우는 일
은 가끔이고
혼란스러워 멀미하는 아이를 사이좋게 끌고 다니던
동네 아이들
뒷동산은 요술 나라
낮아서 슬픈 아기 돌무덤도 처음, 할미꽃도 처음, 진
달래꽃도 처음 먹어 본

아이가 가장 신나는 일은 대충 울타리 쳐진 나무문이
열린 보물 찾는 날

서양 인형에 달린 목걸이보다 더 화려한 빛깔의 유리
조각은 상상의 나라로 데리고 가는 시간이었지 지금까
지도 그 어떤 보석보다 아름다운 유리 조각들
그만 내려가자고 어두워지면 무덤 귀신 나온다는 말도
잘만 고르면 아버지 말문이 열릴 것 같아 귀에 들지
않던

지금도 반짝이는 것이 그날을 불러세우는
한 지붕 밑에 온 가족이 있어서
모자라도 따뜻했던 사금파리 같은 그날들

반짝 그리운 것들이
오래 머무는

섬망, 재미없다구요

　멀쩡히 잘 입던 소매 끝을 반소매로 다시 민소매로 자르다가
　바지 밑단을 자르고 칠 푼 바지로
　허리 고무줄을 세 번 끊어 늘렸다가 다시 두 번 조이고
　일어서면 힘없이 훌렁 번데기로 내려앉는

　보인다
　가늘어진 허벅지며 근육 빠져 아이돌 같은 미끈한 종아리
　그러다 다시 손가락과 함께 허리춤을 접어 꿰 올리는

　요 며칠 시간을 그렇게 보내는

　옷마다 늘어진 지난날을 수선하더니
　반바지 호주머니를 오뉴월 개 혓바닥처럼 밖으로 빼놓다가
　호주머니를 난도질하는
　그리고 다시 꿰매야겠다는
　반 실명을 핑계로 내게 보내는 신호
　〈

오늘은 무시하기로 했다

모진 소리와 함께 더는 같이 이상해지지 않겠다 할 때는 큰 웃음이 나왔는데 그러다가 고약하게 터진 울음 그 울음 감당하기 점점 힘들 때 때마침 울린 세탁기 소리

네가 울어 나를 살리는구나
탈탈 털어 오래오래 널었다

시간을 봉지째 뜯어 놓고

심심할 때 먹으라고 보내온 간식
모양새 떨어진 한숨을 주워 넣고 수시로 쪼개 씹는

낮아진 어금니가 아프도록 쏙 박혔다
자꾸 끼이는 걱정들이 같이 씹힌다
잊자 오늘은 오늘만 생각하자

하루 서너 개씩 바뀌는 주제에 심취해 선잠 든 사람
그가 내게 화두다

씻어내는 욕심 완전히 털어내는 그게 될까만
부축으로 걸어도 기어다니지 않으니 다행이고
제법 긴 칩거에도 비상식량이 남았고
같은 말이지만 쉴 새 없이 말할 수 있고
수시로 차려야 하는 밥 덕분에 결식 안 해도 되고

이 또한 지나갈 것이라 보내온 인사가 쌓여 있으니

가늠할 수 없어도 내일이 올 거니까

오늘도 다행이다

신나는 날로 잡힌 초대

책장 사이에 분주했던 햇살입니다
짧은 기도만큼 급히 옮기는 저녁
붉은 머리 한 번은 길게, 또 짧게
고무줄로 묶고 있습니다

소리로 움직임을 옮긴 사람이
초록과 빨강과 주황 사이에
반짝이는 칼끝으로 음표를 날리는
거창하지만 사실은
다색 꼬마 피망 한 통을 처리하는 중입니다

혼밥을 시끌벅적 담으려 음악도 데려오고 날리는 노
래도 분담시키는 일인 다역 모든 게 완성의 숨을 몰아
쉴 때 적막으로 찾아온 슬픔이 목에 걸려
저녁 노을빛 절규를 경청합니다

돌아가는 저 귀퉁이 남아 있는 의식이 손 흔들며
같은 편이라 아는 척을 하는
이런 하루
묻어 두는 아픔 정도는 기분 좋은 덤입니다

앙큼한 그녀들

- 남의 말을 왜 하냐
- 꼭 그런 사람들 있다
하나가
둘이서
셋이가
그러더니 잠시의 침묵

조용하던 한 명이 나가자
잘 가라 인사가 여럿이더니
다시 숨었다 나온 입 달린 말
- 늙어도 젊게 해 다닌다 몇 살이냐
- 색소폰을 분댄다
한바탕 돌풍이 불고

잠시 숨 고르기에 동원된 텔레비전
낯익은 연예인 행색이 불안한데
- 나쁜 놈 벌 받았지
그 바람둥이는 이 여인네들을 알지도 못하는데
한 명 두 명 네 명의 여인
억울하게 버림받은 듯 높아지는 음성
빠르게 숙련된 그녀들의 입

〈

나가야 할 시간
불균형으로 짧게 친 반백
뒤통수가 미리 따갑다

어쭙잖은 것이

여자아이의 소꿉놀이
보통이 아니다
사람 보는 눈이 제법이라던 내가 감겼으니

남의 다리로 신나게 드나들며 건네는 전달은
속상함과 자괴감

전화로의 대립은
뻔히 알면서도 서로를 이해 못 한 척한 것일 뿐
어린 그녀의 장난질 그런 것과는 관계가 없다
그렇게 믿기로 했다

그런데 아직까지 찔끔찔끔 선을 넘는다

닫힌 마음에 불을 댕겨
넘치는 가마솥에 뜨거운 물을 들이붓는다
장난이 아니라면 전쟁인가
주변의 관심이 더 불을 키우는

가슴에 얹힌 달군 돌덩어리가
가끔 혈연관계를 확인시키듯

〈

강요당하지 않은 중압감의 비중에
서로의 상처가 아물어지려
지금
매매 아프다

따라온 달은 병원 창밖에 떠 있고

저 달
너도 그랬구나
태풍에 집 못 찾아간 명태 눈처럼 충혈된 그 사이사
이 그래도 화려한 서울의 불빛이 나를 막무가내 들썩이
며 턱도 아니게 겁을 주네

링거 노란 물 깨작대는 흐리멍덩히 화려한 첫 밤
안과 밖 다른 공간이 빌딩 사이에 끼여
입 떼기도 전 쪼그라든 시린 발바닥

기척에도 마른 입 다시며
손 놓고 마음을 묶어 속내 감춘 사람들이
울퉁불퉁 덜컹대는 밤

같이 아픈
저 달
걱정 마라
멍석 말아 커서로 옮긴다

마주 엎드리기

당당하다
아래를 내려다보는 것 또한 서 있기 때문

엎드린 것들의 자세에는 다 이유가 있지

서지 못한 발등걸이
그들도 우리도
서로를 들여다보면서 더듬는 길

혼자 남았다
날마다 자라는 소망에 한쪽이 내려앉은 무게
어디까지 품어야 설 수 있을까

땅을 온전히 이해 못 한 바닥이 한 끗 차이로 흔들

둥근 세상이
귀퉁이에서 일어서려 흔들리고
흔들리는 눈물
너도 떨어지려 일어서고

너는 어디 가서 우나

방금 튼 티브이
엄숙하다
가수 따라 자막 따라
어떤 날 엄마를 부르다가
막막해진 날의 구멍에
깔딱
숨이 멈추어 선

될 것이다 다 잘될 것이라
주문으로 외우던 기도가
찰싹 미역 싸대기에 소금기로 가라앉는데

- 저것도 노래라고
감동으로 잠시 돌아온 건가
놀래라
정신 줄 놓고 산 지 일 년
저 사람도 울기 싫은 거야

그 마음
이 마음
들키지 않으려 돌린 고개

〈

얼핏 우리네 엄마가 보인다

* 장사익 노래.

저 동네

잭을 부르며 오늘도 올라간다
성장이 멈출 때까지

까만 점 하나 저녁놀에 반짝이며 끝없이 열린 창으로
뛰어내리는

꿈인가
왜 열린 창들이 슬퍼 보이는 거지

다시 불러 보는 잭

기다리며

시린 무릎으로 열린 창을 세다가 놓치고 다시 세던
공간에 경계를 넘어온 까마귀 놀라서 날리는 딸꾹질
억울한 비문증과 퍼덕임과 별것 아님에 같이 놀란 저
녁놀이 범벅으로 붉게 함몰되는

왜 이러지 왜 자꾸 이러는 거지
다시 불러 보는 잭
〈

올라가는 허공의 계단
층층이 속보
아니다 너무 빠른 것은 허상
가서 보자

그래도 슬픈
길 건너
창

번아웃

초콜릿 한 알 입에 넣고
그 단물 다 넘어가기 전에
강산에를 불러내
삐딱하게 부르며 신난 손가락 장단

그만하면 될 것을
연분홍 치마에 휘감기다가 이별의 종착역까지 걸어가
최백호도 만나고
장사익도 만나고
만나고 만나고

그러다 콧물

진작에 끝난 단맛과는 상관없이
치솟던 것들이
뒷심으로 오래 버티다가

슬그머니 내려오는
눈 그늘

오늘도 잠시 우울

체크무늬 상의에 굵게 굴곡진 햇살
퍼지게 들어앉는 따뜻함을
기웃거림으로 귀찮다 했어
채 잠그지 못한 단춧구멍에 잠시 머물 때도
그것 때문이라고 제법 오래

말과는 달리 조금씩 환하게 숨이 쉬어지는 것은
그 때문만이 아니었다는 걸 이제야 알겠는데
그런데 이건 아니지 않나 다시 그때로 돌아가는 이 치사함

희망이라 했지
한 뼘 사랑에 퐁당 빠진 망고 요거트 스무디
일상이 된 여러 날이 어제도 있었는데
작년인가 마신 내 기억도 구멍 나 너덜거리는
레모네이드 신맛이라 고집 세우는 짓
진짜 나쁜 짓이야

처음으로 돌아오길
감각 없는 손 붙잡고
간지럼 태우는
나의 우울

3부

물어 온 소리 하나

동쪽 창 식탁에 앉아

오래 살았다 했는데
이제야 알게 된
부엌 창의 방향
이유가 있겠지
내가 잊었거나
잊힌 것처럼 넘겼거나

한입 자국 선명한 사과의 갈변과 마주한 시간
감별사로 불리던 시절이 반짝
유통기한 지난 맥주와
신제품이라 선물 받은 맥주가 기한을 넘긴 건
약속 못 한 약속인 게지

중지된 즐거움
나를 위해 다시 시작이다
지독히 더웠던 여름 끝 가을처럼
쪽창으로 오는 바람은 방향을 바꾸지도 않고
오늘만큼은 나도 나를 읽지 않겠어

저 밖의 봄날

무도회장이다

추위 이까짓 것쯤이야 척 버티는 일편단심
열려라 북문을 향해 꽃잎 사정없이 내던지며
시선 바꾸지 않는 목련 너부터

너만이냐 내 절개도 못잖다
아니다 싶으면 말릴 틈 없이 제 기갈에 뚝뚝 온몸 내
던지는
피 붉은 동백 너 또한

짧은 봄날 몸 낱낱이 밥알로 풀어
긴 밤 허기를 나누려 조용조용 한 잎씩
저 밖 멀리까지 밥 난장을 벌린 벚꽃 너도 기꺼이

불현듯 머릿속이 무거워
한쪽 뇌 불편함만 꺼낸다던 그가
살아온 날 기억 모두를 날리고
요지부동 몸이 종이로 가벼워져
날마다 스무고개를 서른마흔 번 넘는 오늘의 벌칙도

목을 옥죄어 같이 살아남는 것

그 와중에도 짧아 싱싱한 바쁜 날이
엉킨 꽃들을 나 몰라라
키 큰 김 양을 흔들고

봄
네가 더 나쁘다

계단에 앉아 있는 이야기들
- 주민등록 사실 조사서

매달 열리던 반상회가
'우리가 남이가'
부부 동반 모임으로 제법 떠들썩할 때가 있었지

잡힌 것인지 잡히기로 한 것인지 반상회가 없어진 지
언젠데
오늘 나는 반백의 머리 위에 선글라스 대신 돋보기를
올리고
반장입니다
십오 층에서 아래로 계단 타기 놀이를 한다

재개발 풍문에 몇몇 이사 온 젊은 세대는
모든 것이 빨라 인터넷 등록으로 수고로움을 덜어줬
지만

초인종에, 누구요 두어 번, 기다리라는 말 서너 번에야
작년보다 느리게 맨발로 열리는 문
한결같이 덥석 손부터 잡고
끌려 들어가면 떠난 사람이나 목에 걸려 있던 이야기가
씨간장이 되어서야 잡힌 손 놓아주는
그때 이 사람들

〈

균열이 선명한 복도 계단에
나란히 나를 앉히고
오래전 그들의 모습과
지워지고 있는 이력으로 오락가락 오늘을
너도 참,
애꿎은 볼펜에 침 묻혀 꾹꾹 눌러 적는다

중입자 센터

철커덕 독방에 감금된 그
계획대로 철저히 고립시켜 끝내 섬이 된다

한 마리 갈매기 방금 지나간 자리
해무 엉켜 얄구지다
무인도

글쎄
발이 까닥까닥
바쁘게 또 쉬엄쉬엄 시작된 삼십 분짜리 인생 다큐멘
터리는
명감독의 발 움직임으로 NG와 OK를 짐작게 하는

괜찮을 거라는 짧은 보충 설명이 40초에 흡수되지
못하자 버릇으로 비틀거리는 시선
그러거나 말거나 오늘도 나는 익숙한 주문을 소지처
럼 사르고 있다

다시 한 마리 새가 대기 중
까닥이던 발이 급히 커튼에게 걷어차이고
투망으로 섬을 끌어당긴다

〈
아직 한두 뼘쯤 남았을 하루
지하 3층에서 하늘이야 멀지만
다큐멘터리는 자라지 못하는
섬을 파종 중이다

지금부터 인사를 나눌 시간

휴일 저녁의 반납에도 여유로운 미소
강가에서 급히 온 걸까 회색 반짝이 원피스는 움직임
마다 화려하게 마른강 풀 냄새를 옮기고 급히 걸치느라
구겨진 로고도 함께 낯선

당황스러웠냐며 반말을 날리는 애매한 친화력에 말의
진의를 곱씹느라 답을 놓치자 다시 담담한 설명
그들의 책임 회피에 돋보기를 갖다 대며 반 박자 느
리게 그러냐는 반문을 던졌을 뿐인데 당황스러운 그녀
의 몸짓이 있었는지 다시 강 풀 향이 나고 이건 신종
마약 향일지 모른다는 삐걱거리는 은근함

그러고 보니 나도 별밤보다 화려한
까만색 반짝이 카디건을 걸치고 있었네

정신 차리자
언제 숨긴 속내를 털며 연명치료 포기각서를 들이밀
지도 몰라

부시게 뜬 눈
〈

모든 의심과 향기와 반짝임이 사그라들고

사십오억 년 전 새벽으로
그가 빛나고 있다

지켜보기

그는 오늘도 등 푸른 생선을 먹고 첨벙 펄떡 배치기
등치기를 한다
등심을 먹다가 양해를 구하지도 않고 이빨에 걸리는
투 플러스 한우
짧게 토막 치지 않은 장어를 먹은 그믐밤이 꿈으로
훤한 앞선 생각
길이대로 자면 휴면 될까 자면서도 지키는 버둥거림
어쨌거나 보약이다

무한 반복의 말과 행동도 전염인가 수시로 숨 참고
들이키는, 뒤틀며 올라와 터지는 사이다 기포가 많이도
달렸구나

지나야 알 수 있다고들 했나
푸르거나 꿈틀거리던 그때가 호시절임을 이제야 귀하
게 깨닫는

끊임없이 도착하는
이 또한 지나가리, 이 또한 끝날 것이다
아직이 빨리와 동일어가 된 날들의
가스라이팅

참, 어이없는

미국 소를 토종 상추에 싸
모처럼 입맛 돈 듯 맛나게 먹더니
두 번째 쌈에 걸려
우두둑 길게 빠져나온
허무함과 달리 짱짱한 의치

이를 해준 의사는 이미 소풍 떠났고
이 빠진 사람은 중증 환자

정답으로 목에 걸린 설움은
그의 몫이 아니라 내 몫

밥 먹다 울면 복 나간다 엄마 말이 불쑥
나갈 복도 없다 이제 나는

숟가락 쥐고 울다가 목을 놓는 이 울음
석 달 열흘을 갈 듯한지
정신이 나가도 여전히 멋대가리 없는 사람
이 이는 진작 빠졌어야 했어
그 말이 울음을 더 때린다

큰 목소리가 아픈

체격 좋은 삼십 후반대쯤 여자
자기 말을 들어보라고 어눌하게 외친다
열두 살 지능 장애라 한 것 같고
백혈병 딸을 말한 것 같기도 하다
아픈 척 가련한 척이 아니라 들어보라는 당찬 말에
흔들려
점점 커지던 그녀

백 원 동전 한 개라도 좋으니 제발 도와 달라는데
짐 줄이는 요즘 달랑 오만 원 한 장이 전부
집으로 되돌아가는 생각과 속아도 그만인 동병상련
에 잠시 혼란스러울 때
하루 두어 번 돌아오는 반짝 정신 그가 내리자 잡아
끄는 손

냉랭했던 분위기에 떠나는 전동차만 뻘쭘히
잡힌 손이 뜨겁다

민망했던 돈으로 사 온 생선
구워 놓고 쳐다보는데
목구멍에 퍼덕이는 비린내 강한 울림

〈
연결 통로에 딱 붙어선 그녀
- 내 말 좀 들어보세요

아직, 그녀 내 안에 있다

불빛에 젖은 것마다 흔들리네

서울은 무심타
서울의 야밤은 참으로 무심타
종일 동동거린 마음마저 알 필요는 없겠지만
그래도 억울한 마음이 드네

한강을 가로지르는 열차
창밖은 그날 물처럼 가만히 있는데
내가 바쁘다고 달려가면서 서운타 하구나
엿본 것인가 흔들리며 손 흔드는 붉은빛
내려다보는 빌딩의 저 많은 불빛

간다

손 내밀면 잡아 줄 사람 있을 수 있건만
내 설움이 커서 나만 서럽다 운다
서울살이 안 울어 본 사람 어디 있으랴
그래서 나도 서러움 타는 게다

한참을 가고 서울을 벗어나도 손 흔드는 불빛들
그렇구나! 눈물이 흔들렸구나

서울의 밤
다 서럽다

소리를 지운 곳

아주 깊숙한 곳일 거야
단단히 차단된 곳에도
틈이 있을 거야

생각을 비집고 드는 아찔함
이게 못나게 나이 먹은 티야

아직 못 나온 어둠의 층계에서
위에서 새어드는 소리에
싫어도 기울이는 귀

칩거
끝없이 벗기는 양면의 껍질
나를 지우고
너를 끼우는 형벌

우리들의 나무

사이프러스 나무가 우울을 품고 멈췄다
성장점이 보이지 않자 영역을 넓히는 거대한 배경
어떠한 말도 위로가 될 수 없는 귀 하나 들고
질기디질긴 뿌리로 바다를 건너온 너
고흐의 나무다

추운 비탈에 누구나 감탄하는 나무 여럿 있다
키 작은 것들을 위해 제 것을 버리고 선 흰 기둥들
자작자작 꽃 필 때를 기다리며
제 그림자 잘라 햇빛을 나누는 착한 몸짓
내가 좋아하는 자작나무다

나무는 뿌리가 보이지 않아도
우리로 자라기를 소망한다

그리움에는 파스

찍 뗍니다

말캉해진 파스에
눈에 넣었던 것 마음에 담았던 것들이
수줍어서 괜히
거칠게 찍혀 나옵니다

이런 것이 나오고 싶어 그리 욱신거린 것이었구나

만만찮지만 한 장 더 붙여 봅니다

뒤죽박죽
빤한 것이 우선입니다
눌어붙은 척 느리게 시린 말

아프게 보고 싶다는 거였구나

니까지 와 이카노

앞만 본다
비 온 뒤라 산 것들이 살아 있다고
꿈틀꿈틀 기어 나올 텐데
사람 찾는 일 급해 내려다볼 여유가 없네

한 뼘은 더 크지만
한 자쯤 높이 두리번
겨우 잡아 세운 사람
이상하네
그가 나를 붙잡은 것인가

발바닥에 붙은 그게
지렁이든 달팽이든
팔에 팔을 걸고
발밑 그것들을 끼고 돌아오는 길이
흐물 허물 훌쩍

울지 마라
니까지 와 이카노
팔도 발도 자꾸 흔들

뭍에서 보는 저기 저 섬 성장기

물어 온 소리 하나
새장 밖에서 귀를 세운다
그들의 궁리
성긴 그물코에 웃음을 끼우며
작게 뜬 눈 긴 수평선을 스캔한다

외딴섬 거친 등대 난간에 삐딱 바람 타고 날아와 제
집처럼 눌어붙은 새똥
새야 부르니 그때가 언젠데 숨겨둔 비밀의 그림자
헛구역질에 돌미역이 돌돌 말리는 해안

새장 밖만 아는 새
눈을 굴리며 던지는
아를 뱄능교?

물밑 소문 또한 복잡한 옷을 벗어 던지고 시작하는
입덧
몇 차례 파문에 허공으로 배를 들이미는
참말로 못 말리는 따라쟁이들

멀리 잠자리 떼

촘촘히 알밴

가을

시작이다

병원 셔틀버스

막 고비에서 묻고 또 묻고서야
방향도 시간도 그제야 줄을 서는

궁둥이를 붙이자마자
지쳐서 나오는 달콤한 안도의 한숨

무료라 그런지
창 옆에 붙잡힌 노선도가 없다

버스 정면에 자리한 친숙한 교훈
정숙
이미 탈진한 이들이 무얼 논할까

그 사이 서울역 건너편에 정숙을 지킨
정숙이
빈 주사기를 털며 따라 내린다

오늘 밤에는
오래전 정숙을 꼽아볼 수 있겠다
가만있어 보자
몇 명이더라

초원

손 내밀면 슈퍼우먼

말벗으로도 척척

입안의 혀 같은

딸 없는 사람 어떡하냐 하면
여기요 손 번쩍 드는
아들 하나 둔 40 넘긴 어미가
내게는 늘 네 살 깔롱쟁이

언제부터였을까
그 네 살 아이에게 기대고 있었네

잘 지었어
내가 짓고
내가 달린다

초원

4부

붉다가 볼 가히 젖어 드는 눈가

새가 된 휘파람

새가 없는 동네에서
자유를 보러 바다로 나섰지
마주치는 이웃들
많이 잡아 오라는 인사 있었지만
어부가 아니니 하늘도 보고 바다도 보는 거지

열세 물 파도 높아도
물때표 준비 그런 거 없었으니
잡아도 놓쳐도 즐거운

해풍 한 아름 품고 지고 집으로 가는 언덕
빈 쿨러가 행복한 것은
멀리서부터 소란한 향 구절초며
돌단풍의 조잘조잘 귀여운 항변과
때가 아닌데 또르르 구르는 도토리 있어서지

숨이 턱까지 차오를 때야
휘파람 한 마디

멀리 날아가는 새

새와 나의 관계 이어가기

치사하게 몇 프로 낮은 금리 따위로 현혹하지는 않
겠어
그냥 무이자야 두려워 말아
어린 것들이 발밑 가까운 곳까지 오는 것은
멀리도 아닌 솔숲 건너 저쪽 솔밭까지 퍼진 소문 때
문일지도 몰라

가끔 새 친구는 낯섦에 깊은 그늘이 되려고도 해 그
건 아니라고 안심하라고 독수리보다 큰 나를 구기고
구겨 우습게 만들기도 하지

숨어서도 먹을 수 있는 곳의 수고로움은 용감한 벌
레 몇 마리와, 사랑한다 덤비는 도깨비풀이 넝쿨로 가려
움을 가져와도 골고루 먹어라 흥얼흥얼

너도 또 다른 너도
아무도 오지 않는 먼 곳 이동하는 그곳까지
사람이 그리워 자주 오는 이곳저곳까지
나와의 관계가 쫀득해질 때까지 나란히 먹고
훗날 콩알로 빚어 던지면 그것 먹고 멀리까지 나를
옮겨주기를

〈
새 먹이 주듯 핑계가 살아
너처럼 나도 날아갈 준비를 하는 거야

세상 모든 신

배려와 사랑으로 모인 신
둥근 원에 담겼다가
생각에 몸 굴려
숙성의 기도로 빠져나오는

물이라서 아픈 눈물이거나
침묵의 마른 침방울이거나
달을 향한 실외기 물방울이라도
싹을 틔우길 소망하는

접견의 신
사방에 귀를 매달아
경계를 두드려
빙벽 하나씩 밀고 있다

숨어 있는 혀

모른 척했어
길이도 두께도
그들의 존재조차도

얇은 혀 인사가 길고, 두꺼운 혀 웃음이 따뜻한데

달콤한 햇빛
시원한 바람
소망의 달
유하게 흐르는 물
그 자리 그 바다
모두 안으로 키우는

숲 그림자 넉넉한 산
뿌리에 있는 혀

사람의 혀
가슴에 있지

안전 문자 분리하기

집이 엄청 많습니다
어려운 이름으로 바꾸지 않아도
나온 이는 점점 많아지고
작정하면 매미 떼 울음으로도 찾을 만한데
돌아가는 길 버팁니다
작정했나 봅니다

귀 닫고 앞으로만 가는 짧은 보폭입니다
그런 보폭에서만 자라는 비밀스러운 숲
열 달보다 빠르게 볼록합니다

자라나는 숲
실종과 불볕더위에 시끄럽자
털면 달아날까 혹 빨아들입니다
그 위 고기능 풀로 전단이 붙습니다
된더위와 사람이 같이 붙었습니다

집 떠난 사람이 여름내 산이 됩니다

허물 위로 매미의 유언이 빨라집니다
〈

이름 긴 아파트 늦어도 불이 켜집니다

영구치 갈아엎기

봄꽃 있었어
그들의 경계가 아지랑이로 풀리는가
언젠가처럼 조심스러운 오전

사람들이 순서를 기다리는 동안
손톱 속에 숨어서 자라는

달을 세고 있지

긴장을 키우는 초침 소리 대신
거칠게 훅 끼어드는 바람
이빨 가는 기계음에
굽은 어깨 한번 움츠렸다 펴는
이상한 버릇이 나만 있는 게 아니었네

시간이 지날수록 한두 사람 늘어나고
그때마다 들썩이는 어깨
그 안에 무엇이 들어 있는지 아무도 모르지

어제보다 친근히 둘러보는 여유, 며칠째 자리 지킨 붉
은 장미가 활짝 입 벌려 농염하게 물 올리는 소리가 음

악처럼 쉬며 가며 오전과 오후를 지탱하는 곳

꽃도
사람도
입 벌리는
입안의
입

영정사진 찍는 날

동네 꼭대기 싱겁던 집이 듬뿍장이다
멀어서 들리지 않는 확성기 대신
여섯 일곱 가쁜 숨 몰고 온 사람에
어리둥절 이 빠진 할머니 한참 만에 웃는다

이쁘게 단장하고 찍자, 한마디씩 거들자
영감들 따라오면 어쩌냐 빤한 농담도 던지며
골방 비키니 비닐 옷장 앞
이 짐 저 짐 치우고 꺼낸 노랑 저고리 옷고름이
질끈 묶은 보자기 끈 같은데
이게 뭐냐 부녀회장이 묶어 주는 옷고름도
떨떠름 생뚱맞다

이쁘다는 말에 이리저리 수줍게 웃다가
무얼 봤을까
붉어지는 콧등 붉어지는 눈
자꾸 붉다가 볼 가히 젖어 드는 눈가
카메라 앵글이
점점 크게 잡아내는 붉은 얼룩점들

새벽잠 놓친 채널에서

처음 본 할머니의 삶을 본 듯 가깝다
훌쩍

이것 좀 봐

반짝,
반짝이는 손톱에 놀라
이럴 줄 알았으면 길게 자를걸
한 달 잡은 계획에 바짝 잘린 손톱

보호자가 환해야 한다고
정성스레 치장시킨 손발톱
이게 얼마 만이야
지난 시간과
앞으로의 한 달이 맞 무게로 버둥거리는 사이

딸아이의 야무짐에
짧은 손발톱이
아무 일 없었다는 듯 반짝인다
잘될 거라 다시 반짝

울음 요리

적당히 간이 밴 게지

속울음 곁 웃음
조물조물 주물러
통곡도 박장대소

울어도 웃는다는 거

업,
그만큼 큰 게야

숨을 참을수록 부푸는 애드벌룬

　백 년 넘게 붙들린 숫자가 버둥거리며 링거를 맞고 있는 중심에 큰 벽시계가 가라앉은 시간을 돌린다 그윽이 누르는 신음

　기척 없이 움직이는 좌청룡 우백호도 한몫 맡은 하늘 향한 기도의 노래, 성장을 멈춘 갈대숲에 거대한 말씀으로 올리고
　그 곁 떠나지 못한 가을날 은행잎에 물방울의 노래 가깝고도 먼데

　세월에 갇힌 말들이 기별 없던 소식으로 기어 나오는
　더러는 초침 속에, 또는 갈대숲에, 물방울 속에 오롯이 벽걸이가 되어
　사람들이 껍질을 벗는 이 시간
　생과 사의 크기가 나란한 오늘과 내일의 경계가 없는 0시
　한 가지 소망이 전부라서 부풀어 오르는 애드벌룬
　그 속에 백 년 병원이 숨었다
　드디어 시작된 그들의 밤

일용할 양식

오죽했으면이란 제법 큰 덩어리를 꺼냈다
목에 걸려 소리 지르던 녀석
이 대단히 언짢은 녀석을
뭍에서 먼 섬으로 데리고 가 찰지게 처리할 계획이다

토막토막 보기 좋게 자르기로 했지만
급한 마음에 서툴게 어긋나는 모양새
상관없어 이놈을 요리하는 게 목적이니까
죽일 작정인데 무슨 상관이야
괜찮다 스스로 자존감을 높일 때

숨이 차다
앞선 바람이 넘어지고
아직 그것들은
목 안에서 그렁거리며 강하게 뭉치고 있다
오늘도 당하는
하루치 양식

기다림의 정의

할머니 그러셨지
기다리고 참아라

가마솥 지기가 몇 번 바뀌고
거만했던 주걱이 조금씩 성질을 죽여 허리를 굽혀
구경하던 감나무 어린 기억까지 동구 밖으로 놀러 나
가고
주르륵 까불던 질금물이 활짝 펼쳐진 부채가 될 때
까지

기다림이 꽃이 되고서야
방앗간에서 갓 빼 온 가래떡에
탄성의 조청 듬뿍 찍어 올리는 맛이 전부가 아닌걸
이제서야

시래기 나가신다
허허롭게 빈 밭 비닐 텐트 속에서
흔들리며 마른 언 몸들이
뜨겁게 살자 힘찬 구호로 벌떡

주름진 틈틈이 잠자는 햇살 어루어

다시 빛나도록 뜨겁게 고아 살아나는 색
질긴 세월 벗겨 다시 그날이 올 때까지
여유로울 신념 그게 답이야

기다리고 참아라
거칠어도 뜨겁게 살다 가신 할머니 말씀

누워서 보는 직립 세상

직립 보행을 접고 누워서 들어 올리는 지구

비틀어 올라가다가 당연한 듯 삐걱거리는 것은
세탁기 옆 대형 건조기가 손빨래의 기억을 송환시키
는 과정
그들은 이미 순번을 받아 들고 비트는 대로 들어 올
리는 대로 그냥 묵묵히 오래 묵은 찌든 빨래가 되기로
했다

마음은 마당 넓은 빨랫줄에 미리 가 있지만
아직은 모른다
묵은 때를 벗을지 나달거리다가 폐기 처분될지는

질겨진 남은 목숨
저당 잡은 자들이 주인이 되어 눕혀서 비트는 사지
아코디언 닮은 바람 싱겁게 지나고
빈 마당 빨랫줄이 늘어진 바람을 겹겹이 털어 널며
기다림의 노래를 부르는 재활병원의 기도

같이 흔들리고 있는 도심의 지하철
방금 도착한 듯 빠른 발걸음의 한 무리 사람들

밟히는 무심 또한 바쁜지
가끔 지구가 갸웃

팅기는 엘피판

여기는?
여기는요
… 아무렇지 않은 척 무게감 없이
지금 생각 안 나도 괜찮아요

다 거짓말, 선 넘은 관용

불안할 때 생긴, 손가락 끝 부비부비는 그때의 기타
곡 엔딩일까
마른침 넘어가는 분명한 소리 꼴깍
괜찮아요 잘했어요

침묵 끝 작은 소리에도 세상이 환해지는
좀 격한 반응입니다 잘 알고 있습니다

찍힌 지문 겹겹의 핸들은 버리고
조수석에 앉아 초행길이듯 끼우는 퍼즐
이 놀이는 언제쯤 완성될까요

요트경기장을 지나며, 사선의 자치센터를 지나며, 집
앞 소방서를 지나 잠깐 사이 한전을 끼고 좌회전

다 왔어요. 집

혼자서 바쁜
집

익숙해서 집을 잃고
집에서 길을 잃습니다
가깝고도 먼
내일로 어제가 흔들립니다
우리의 집

타협

적절한 거리로 조절하는 것쯤이야
이러면 그쯤 도달했으려나
아직은 오리무중 헤매는 헛발에 중심이 흔들리기도
하지만
그 중심이 짧은 전율을 가닥가닥 뽑아내기도 해

아직도 이게 다가 아님을
어렵게 받아쓰고 나서야
반 박자쯤 쉬는 여유도 생겼어

어제처럼 오늘도 새날이라
날마다 일어서는 먼 숲 깊어진 그늘처럼
아직 끝난 게 아니야
듣거나 말거나 자신을 다독이는 응원가

하루

뻥튀기 같은 하루가 지나갑니다
젖은 손으로 잡으면 손끝 따라 뭉개지는
몰래 흘린 눈물 한 방울에도 구멍이 나는

녹진녹진한 하루가 보름달을 닮아
그래도 모나지 않았던 하루

위로의 말 한마디 건네고 싶었지만
구멍 난 자리 서럽다 할까 봐 입 모양 둥글게 말아
아래위로 오구오구

모자랄지도 모를 내일을 생각해 봅니다
떨어져 나간 둥근 귀퉁이가
그래도 남아 있다 귓속말을 남깁니다

멀리까지 갔다가
되돌아와 건네는 말
오늘도 고맙습니다

전기수의 꿈, 시인의 '젖은' 마음

전해수(문학평론가)

　아주 예전에, 사람이 모이는 곳에서 소설이나 설화, 고전 이야기를 해주던 사람을 전기수傳奇叟라 했다. 전기수는 단순히 이야기책을 읽는 것이 아니라 등장인물의 목소리와 감정을 대신하면서 연기하듯이 들려주었고, 이야기 가운데 중요한 대목은 천천히 말하거나 말꼬리를 멈추면서, 전문적인 이야기꾼으로서의 면모를 드러내었다.

　그러니까 이 전기수傳奇叟는 단순한 이야기꾼이 아니다. 이야기를, 자신의 삶으로 극화하여, 문학을 전달하는 역할을 한, 예능인인 것이다. 현대에 이르면, 전기수 역할을 하는 직업군은 성우, 동화구연가, 유튜버, 스토리텔러를 들 수 있겠다. 이야기의 힘과 구술 예술의 원형을 전기수傳奇叟에게서 찾는 것은 매우 쉬운 일이다.

　그런데, 최수지 시인의 이번 시집 『계단에 앉아 있는 이야기들』은 마치 그 옛날의 전기수가 시장이나 광장에 모인 대중(청중)에게 이야기를 들려주듯, 서사적 스토리

로 가득하다. 다만, 스케일이 큰 거대 장르로서의 환상
적 이야기가 아니라, 시인이 직면한 작고 여리지만, 반
짝이는 아련한 사연이, 최수지 시인에게는 주목된다. 시
인은 자신이 겪은 삶의 핍진한 이야기를 혹은 안타까운
주변의 이야기를, 구체적으로 펼쳐 보이는데, 그것은 재
활병원의 눈물과 희망이 점철된 삶의 체험과 밀착되면서
도 별, 달 등 하늘의 빛이 찰나로 눈그늘을 만들어내는
'자연'의 발자국을 따라 짚어가는 '꿈'의 이야기를 자주
들려준다. 때로는 방백으로 때로는 독백체로 눈시울을
적시게 하는 시인의 이 이야기는 그래서 "멀리까지 갔다
가 되돌아와 건네는 말"(「하루」 중에서)처럼 '슬픔'에게도
감사의 인사를 전하는 '시인의 젖은 마음'이라 해도 좋을
듯하다. 고통 속에서 "보고 싶다는 말"(「그리움에는 파
스」 중에서)이 저절로 입속으로 메아리치는, 이 특별한
아픔의 경험을, 최수지 시인의 시를 읽으면 우리도 자연
스레 쏟아져 나올 것이기 때문이다.

　　　찍 뗍니다

　　　말캉해진 파스에
　　　눈에 넣었던 것 마음에 담았던 것들이
　　　수줍어서 괜히

거칠게 찍혀 나옵니다

이런 것이 나오고 싶어 그리 욱신거린 것이었구나

만만찮지만 한 장 더 붙여 봅니다

뒤죽박죽
빤한 것이 우선입니다
눌어붙은 척 느리게 시린 말

아프게 보고 싶다는 거였구나

-「그리움에는 파스」 전문

  우리가 파스를 찾는 순간은 온몸의 통증을 도저히 참
을 수 없을 때이다. 위 시는 구체적으로 "욱신거린 것"들
이 파스를 "찍" 떼어 내어 "만만찮지만 한 장" 붙이면 그
것은 "말캉해진 파스"를 건너와 "눈에 넣었던 것"과 "마
음에 담았던 것"들을 다시금 아프게 회고한다.
  시인은 몸의 통증에 파스를 덧댄 경험이 그저 통증의
일부를 잦아들게 하는 몸짓이 아니라, '그리움'이라는 정
체 모를 감정을 눈앞에 호명하여, 진정 아플 때에야 "보
고 싶다"는 그리움의 감정이 솟구쳐 오름을 드러낸다.

특히, 글씨체를 바꾸어 환기하고자 한두 문장 즉 *"이런 것이 나오고 싶어 그리 욱신거린 것이었구나"*와 *"아프게 보고 싶다는 거였구나"*라는 깨달음의 자기 발견적 문장을 통해 "파스"를 붙이고 떼어 내는 행위가 그리움을 감추어도 다시 통증으로 되돌아오는 마음의 감정과 다르지 않음을 엿보게 한다. 이러한 시인의 자가적인 통증과 통증을 위무하는 시선은 "아프게 보고 싶다"는 그리움의 특징이 전면에 가닿은 표현이라 할 수 있다.

철커덕 독방에 감금된 그
계획대로 철저히 고립시켜 끝내 섬이 된다

한 마리 갈매기 방금 지나간 자리
해무 엉켜 얄구지다
무인도

글쎄
발이 까닥까닥
바쁘게 또 쉬엄쉬엄 시작된 삼십 분짜리 인생 다큐멘터리는
명감독의 발 움직임으로 NG와 OK를 짐작게 하는
〈

괜찮을 거라는 짧은 보충 설명이 40초에 흡수되지 못하
자 버릇으로 비틀거리는 시선

그러거나 말거나 오늘도 나는 익숙한 주문을 소지처럼
사르고 있다

다시 한 마리 새가 대기 중

까닥이던 발이 급히 커튼에게 걷어차이고

투망으로 섬을 끌어당긴다

아직 한두 뼘쯤 남았을 하루

지하 3층에서 하늘이야 멀지만

다큐멘터리는 자라지 못하는

섬을 파종 중이다

- 「중입자 센터」 전문

그런데 "중입자 센터"는 통증이 극대화된 장소이자 몸
의 환혼이 절실한 경우를 직관한다. "중입자 센터"는 시
「중입자 센터」의 중요한 시적 대상이자 관찰자의 시선
이 머문 장소이다. 잘 알고 있듯이 중입자 치료는 암 환
자에게 처치하는 방사선 치료 중 하나인데, 기존 방사선
치료에 비해 2~3배 높은 치료 효과를 기대하게 하는, 수
술이 어려운 경우나 난치 암을 극복하기 위해 사용되는

마지막 치료법이다.

최수지 시인은 중입자 센터의 중입자 치료에 대한 경험을 혹은 환우의 가족으로서의 경험을 중심으로 이를 묘사하고 있다. 이를테면 "철커덕 독방에 감금된 그"는 고립되어 하나의 "섬"이 된다는 표현은 치료의 지난한 모습을 목도한 것이다. 감금된 것과 다르지 않은 몸, 즉 그 섬에는 "한 마리 갈매기"가 휘돌며 지나쳐 가듯 외롭고 고독하다.

그러나 시인의 시선은 다만 음울하지 않고, 유머러스한 동작과 표정이 깃들어 있다. 예컨대 "글쎄/발이 까닥까닥" "명감독의 발 움직임으로 NG와 OK"를 들려주는 영화 장면을 이입하면서 "중입자 센터"는 무대 위의 한 장면처럼 연출되고 관조된다. 시인은 삶의 압박이건 병실의 우울이건 "그러거나 말거나 오늘도 나는 익숙한 주문을 소지처럼 사르고 있다"고 웅얼거린다. 슬픔에 낙담하기보다는 병도 인생의 한 다큐멘타리라는 인식으로 직면한 상황을 응시한다. 그렇다면, 자신이 겪은 고통을 하나의 이야기로 담담하게 승화시켜 이를 고백하는 그는 진정 전기수傳奇叟에 다름 아니다.

맞아도 참을 만하겠지
맞을 만한 걸 아니까

〈

웃음을 참는 게 깝죽거림으로 보일 나를 물끄러미 쳐다
보는 뭇시선

그래, 먹어도 안 먹었다는 바닥난 당신 밥그릇이 허기진
날들을 잊은 지 오래지

그게 된다면 여기 있을 이유가 없지

내 것이라 사정없이 후려치는 뺨

핑크빛으로 물이 드네

빨갛게 빨갛게 부풀어 올라라 뺨

연두 고운 색 층층이 물오르는 봄날

언덕배기 외할머니 복숭아밭

그때 꽃잎이 날린다

온통 복숭아꽃 천지

아니 어찌 된 거야 사람들이 탄 휠체어가 날아다닌다

벙근 꽃잎 날리고

붉은 뺨은 부풀고

휠체어는 날고

달그락거리며 뒤따라오는 온갖 밥그릇들

또 터지는 웃음

이러다 진짜 맞겠다

폭죽으로 터지는 빨간색 멈춰 그만

할렐루야

-「빰빠라밤빠, 빰」 전문

재활병원 강당에서 최수지 시인은 "빰"과 "빵"의 단어가 지닌 한 끗 차이처럼, 봄날, 빰을 맞은 일을 회상한다. 빰을 맞았을까. 아니면 빰을 맞듯 당황스런 일을 겪었는지도 모른다. 그러나 그것은 치매 할머니가 바닥난 밥그릇을 두고 "먹어도 안 먹었다"고 말하는 것처럼, "이유가 없"는 일이다.

화자는 "붉은 빰"을 통해 "언덕배기 외할머니 복숭아밭"을 떠올린다. 온통 복숭아꽃이 천지였던 복숭아밭은 "붉은 빰"처럼 벙근 꽃잎이 날리고 그 "붉은 빰은 부풀고", 비현실적이게도 재활병원 강당의 "휠체어"는 슉슉 "날고" "달그락거리며 뒤따라오는 온갖 밥그릇들"이 공중을 더불어 날 때에, 어이없어 "터지는 웃음"이 강당에는 가득하다.

위 시는 제목부터 비극성을 희극으로 전환하는 기능

을 더한다. 「뺨」이라고 해도 충분히 전달되겠지만, 시인은 「뺨빠라밤빠, 뺨」으로 기꺼이 슬픔을 이겨내려는 유머를 더하여, 장소의 비극성에다가 희극적 수사를 덧붙인다. "뺨빠라밤빠"는 승리의 나팔수나 기쁨의 환호를 불러일으키는 의미를 담아내는 의성어가 분명하다.

이처럼 삶의 비극을 희극으로 치환하는 이야기가 최수지의 시에는 자주 엿보인다. 이는 삶의 비극과 희극을 다르지 않게 바라보고자 하는, 최수지 시인만의 특징적인 시의 세계라 할 수 있을 것이다.

눈물 감추려 돌다가 마주친 창

둘, 넷, 아홉 층층이 올라가다 옥상
어어? 이 시끌시끌함
뭐야

순이 할매 늘어진 속옷이 펄럭
친구 옥자 할매 분홍색 낡은 내복도 같이 펄럭
그 옆 또 그 나란히 할매들의 구겨진 꽃무늬 옷들이
우물쭈물 햇볕 쬐러 올라와
보소 내가 보이요? 우리가 보이냐며
쿨럭 펄럭

짧은 해 넘어가기 전까지 열심히 펄럭

재활병원 병실 창 안에서는
안이 보이지 않는 건너편 우정 요양원
저기도 아픈 맴들이 웅크리고 있었구나

들리나요?
수면제에 휘둘리지 말고
살기 바쁜 새끼들 안 온다고 야속타 말고
무언의 폭력에 휘둘리지 말고
하나씩 사라지는 옆 지기들 궁금타 울지 말고
힘내라
짝짝짝 박수 보내는 나도 펄럭

모두가 펄럭이는
남은 날 중 가장 성한 날

지금 스케치

-「그림으로 들어온」전문

우리 모두가 짐작하듯이 재활병원에서의 생활은 결
코 즐거울 수 없다. 그러나 시인은 남다른 시선으로 "남

은 날 중 가장 성한 날"을 항변하듯이, "지금 스케치" 중
이다. 아니, 하나의 "그림으로 들어온" 재활병원에서의 시
간을 새로, 그리고 있다. 그것은 "눈물을 감추려 돌다가
마주친 창" 너머의 풍경으로 비롯된다. 순이 할매의 늘
어진 속옷과 친구 옥자 할매 분홍색 낡은 내복, 그 옆의
할매들의 구겨진 꽃무늬 옷들이 "쿨럭 펄럭"이는 이 풍경
은 무언의 부당한 힘에 휘둘리지 말고, 사라지는 옆지기
들 안타까워하며 울지 말고, 힘내라고 보내는 응원의 몸
짓이란 것이다. 오히려 평범한 삶이 비현실이 된 지금, 시
인은 재활병원 병실 창안에는 창밖의 소리 없는 아우성
과 생명성에 눈길을 주고 있다. "시끌시끌함"이 시인에게
는 도저한 그리움이 되고 있다.

매달 열리던 반상회가
'우리가 남이가'
부부 동반 모임으로 제법 떠들썩할 때가 있었지

잡힌 것인지 잡히기로 한 것인지 반상회가 없어진 지 언
젠데
오늘 나는 반백의 머리 위에 선글라스 대신 돋보기를 올
리고
반장입니다

십오 층에서 아래로 계단 타기 놀이를 한다

재개발 풍문에 몇몇 이사 온 젊은 세대는

모든 것이 빨라 인터넷 등록으로 수고로움을 덜어줬지만

초인종에, 누구요 두어 번, 기다리라는 말 서너 번에야

작년보다 느리게 맨발로 열리는 문

한결같이 덥석 손부터 잡고

끌려 들어가면 떠난 사람이나 목에 걸려 있던 이야기가

씨간장이 되어서야 잡힌 손 놓아주는

그때 이 사람들

균열이 선명한 복도 계단에

나란히 나를 앉히고

오래전 그들의 모습과

지워지고 있는 이력으로 오락가락 오늘을

너도 참,

애꿎은 볼펜에 침 묻혀 꾹꾹 눌러 적는다

            - 「계단에 앉아 있는 이야기들」 전문

위 시 「계단에 앉아 있는 이야기들」은 끈끈한 연대
로 반상회를 열고 재개발을 위해 초인종을 누르고 난데

없이 방문해도 덥석 손을 잡고 환대로 가득하던 시절을 뒤로 하고, 주민등록 사실 조사서를 작성하기 위해 계단을 오르는 일이 이젠 연대도 환대도 없는 노동이 된 이야기를 적시하고 있다.

위 시에서 "계단"은 어쩌면 "재개발 풍문에 이사 온 젊은 세대"와의 격차를 보여주는 시적 대상이기도 하며, 어쩌면 "균열이 선명한 복도 계단에/나란히 나를 앉히고"는 시간의 저 너머로 흘러간 사람들과 혹은 그런 사람들 간의 관계를 회상하게 한 시적 상관물로 중요하게 사용된다. 또한 "계단"은 서서히 단계별로 진행될 재개발을 추동하는 이야기의 중심이 되기도 한다.

최수지 시인은 이러한 "계단"이 지닌 수직성과 끝없이 추락할 수 있는 위험천만의 아스라한 하강에의 두려움을 동시에 품으면서, 삶에 노정된 과거-현재-미래의 서사를 우리에게 들려준다. 그것은 전기수의 꿈과 다르지 않은, 시인의 몹시 젖은 마음이 가닿은, 이야기의 내력이자 전말을 담보한다.

구기지 않아도 다 들어간다고들 했지

그럭저럭 인정받던 그릇

찰랑대던 날들에 용량 따위는 잊고 스스로 사육된

〈

헛 젓가락질이 우물쭈물 현실을 서성일 때까지도 당연
했던 여유

희망이 거론될 때마다 수축된

숨어서 쌓이던 어둠이 키를 키워 덮어 버린 용량

입이 마르고 발바닥이 갈라질 때쯤에야

남은 기운으로 재보는 크기

이미 큰 그릇은 큰 대로 잠기고 달랑 남은 그릇들은 순
서 없이 깨지고 그래도 큰 그늘 밑에 살아남은 종지

넘치게 많은 흔적이 작은 것을 살리고

울다가 웃는 것이 시곗바늘에 걸려 잠방이던 날들

스쳐 지나간 절규에 쉼표를 찍으며

화장실 거울에 몰래 숨어든 또 다른 뭉크

- 「간장 종지」 전문

짠내 나는 최수지 시인의 이야기는 "간장 종지"에도
머문다. 작지만 빛나는 것들은 시인에게는 매우 소중한
존재들이다. "간장 종지"도 이와 다르지 않다.

위 시 「간장 종지」는 적은 용량을 담지만 그릇으로
인정받던 시절을 회상한다. "찰랑대던" 것은 "구기지 않

아도 다 들어간다"는 첫 구절은 간장 종지의 가치와 쓸
모를 엿볼 수 있다. 시인은 "용량 따위는 잊고" "수축된/
숨어서 쌓이던 어둠이 키를 키워 덮어 버린 용량"을 다시
확인하려 든다. 그것은 "입이 마르고 발바닥이 갈라질
때쯤" 다시 인정하게 되는 간장 종지의 (적은) 용량이 지
닌 가치이다. 큰 것들은 큰 것대로 기능을 다하다가 순
서 없이 깨지고 달랑 남은 것은 끝끝내 간장 종지인 것
이다. "큰 그늘 밑에 살아남은 종지"가 바로 간장 종지
이다. "많은 흔적이 작은 것을 살리고" "울다가 웃는 것"
이 "잠방이던 날들"로 기억되는 순간을, 시인은 간장 종
지 하나의 의미로 이를 주목하고 있다. 간장 종지의 숨
은 이야기를 기억해 내어 들려주고 있다.

　　- 지금 뭐 하냐

　　손끝에 달린 글씨 놀라서 비틀

　　- 그게 돈이 되냐

　　모처럼 옳은 말
　　나갔던 정신이 돌아왔나
　　이때다 싶어 서럽게 터진 입

가볍지 않은 몇 마디 속사포로 날리는

조용하다 이게 아닌데
돌아보니
그새 돌아왔던 정신, 다시
머릿속 꽃밭으로 갔는지 무심

거두어들이는 파편
- 아를 만들고 있소 내가 살아 있나 볼라꼬

주변에서 빌려준 세상 모든 신이여
노산의 넷째 만날 즈음
꽃 지듯 뇌종양도 시들어
예전 버럭 성질 돌아오기를
아픔의 존재 또한 멈추기를

- 「시도, 기도」 전문

　시인의 "기도" 속에는 재활의 꿈도 모두 기도의 일부분이다. 그런데 "시도, 기도"라는 사실은 마음이 뭉클해지게 한다. "기도"가 "시"로 이어지는 언어적 이음새가 시인의 이야기 안에서 의미 있게 되살아나 있다.
　위 시는 시인의 이번 시집의 맨 앞자리에 있는 시이다.

기도처럼, 이번 시들은 모두 기도처럼, 시인에게는 머물고 있는지도 모른다. 시를 쓰고 있는 시인 자신을 향해, 퉁명스럽게, "뭐 하냐" 딴지를 걸어도, "-그게 돈이 되냐" 남들이 비웃어도, 시인은 우문현답처럼, 혹은 자기 위로처럼, "아(이)를 만들고 있소 내가 살아 있나 볼라꼬" 스스로 시를 쓰는 이유를, 시를 쓸 수밖에 없는 이유를 다시금 확인한다.

시인은 아픈 것 같다. 시인의 가족이 아픈지도 모른다. "세상의 모든 신이여", "꽃 지듯 뇌종양도 시들"기를, 소멸한 예전의 "버럭 성질도 돌아오기를", 하여 아픈 "존재 또한 멈추기를". 시인은 시ㅐ도, 기도를 통해, 시 역시도 기도가 될 거라는 믿음을, 결코 잃지 않고 보여준다. 믿음은 현실이 되리라. 시도 기도가 되어 하늘에 가닿으리라.

시인의 꿈이 시인의 젖은 마음을 일으켜 세울 것이다. 마침내는 전기수의 꿈처럼, 환하고 유쾌하게!

상상인 시선 *064*

계단에
앉아 있는
이야기들

지은이 최수지

초판인쇄 2025년 9월 24일 **초판발행** 2025년 9월 30일

펴낸곳 도서출판 상상인 **편집주간** 황정산 **펴낸이** 진혜진

표지디자인 최혜원 **기획·마케팅** 전은빈 최유림 노혜림 정현수

책임교정 종이시계 **편집** 세종PNP

등록번호 제572-96-00959호 **등록일자** 2019년 6월 25일

주소 06621 서울시 서초구 서초대로74길 29, 904호

전화번호 02-747-1367, 010-7371-1871

팩스 02-747-1877 **전자우편** ssaangin@hanmail.net

ISBN 979-11-7490-012-8 (03810)

값 12,000원

∧∧/

- 이 책은 2025년 **한국예술인복지재단** 예술활동준비금지원사업에 선정되어 발간되었습니다.